Carsten Goersch

JOSUA

Den Himmel erobern

Die Deutsche Nationalbibliothek verzeichnet diese Publikation in der Deutschen Nationalbibliografie; detaillierte bibliografische Daten sind im Internet über dnb.dnb.de abrufbar.

© 2024 Carsten Goersch

Lektorat: Sonja Dissertori

Kontakt: settetemi@gmail.com

„Verlag: BoD · Books on Demand GmbH, In de Tarpen 42, 22848 Norderstedt, bod@bod.de"

„Druck: Libri Plureos GmbH, Friedensallee 273, 22763 Hamburg"

ISBN: 978-3-7693-1486-1

Alle Zitate der Bibel wurden der unrevidierten Elberfelder Übersetzung aus dem Jahre 1905 entnommen.

Coverbild: Canva

"How can something so good go so bad?
How can something so right go so wrong?
I don't know, I don't have all the answers
And I want you back, how many times can I say I'm sorry?"

("Something's happened on the way to heaven",
Phil Collins)

INHALT

Vorwort

Wer den Himmel erobern will, wird bald ernüchtert. Nicht selten enden rauschende Hochzeiten in einem kalten Rosenkrieg. Nicht selten erleiden wir krachende Niederlagen, obwohl wir uns des Sieges schon sicher waren. Irgendetwas war auf dem Weg zum Himmel geschehen, womit wir nicht gerechnet haben. Irgendein Detail mussten wir „Himmelsstürmer" übersehen haben, als wir an uns selbst scheiterten.

Das Buch Josua ist das Buch der Eroberungen. Das einst geknechtete und umherirrende Volk der Wüstenwanderer steht vor den Toren zu dem Land, das Gott ihnen zugedacht hatte. Es war nun an ihnen, Kanaan in Besitz zu nehmen. Es war die Aufgabe des Menschen, das Glück zu erobern, das Gott ihm schenken wollte. Dies sollte sich als schwierig erweisen. Die Kanaaniter würden sich nicht so leicht ergeben, wie man geglaubt hatte.

So ist es bis heute. Auf jedem Glück sitzt ein Riese. Es sind die alten Gewohnheiten, die falschen Einschätzungen und unsere seelischen Bewegungen, an denen wir scheitern. Der „Heilige Krieg", wenn es ihn denn wirklich gibt, ist zu allererst deshalb einer gegen unsere eigene Natur. Der erbittertste Gegner unseres ersehnten Glücks sind wir selbst. Es ist die alte Natur, die vom Widersacher benutzt wird, um das neue Glück zu verhindern.

Die nachfolgenden Ausführungen gehen davon aus, dass das Buch Josua ein „Bilderbuch" für diese Kämpfe ist. "Denn unser Kampf ist nicht wider Fleisch und Blut, sondern wider die Fürstentümer, wider die Gewalten, wider die Weltbeherrscher dieser Finsternis, wider die geistlichen Mächte der Bosheit in den himmlischen Örtern" (Eph 6:12), lehrt uns der Apostel Paulus in dem Brief, der uns den Himmel nahebringen will.

Mit diesem neutestamentlichen Schlüssel in der Hand begreifen wir, dass der Krieg von damals ein recht aktueller ist. Wir können ihn nicht gewinnen, wenn der Geist Gottes uns nicht in demselben vorangeht. Wir müssen von Neuem geboren werden, wenn wir ihn gewinnen wollen. Wir sollten uns vor Überschätzung, aber auch vor der Unterschätzung von Problemen bewahren. Und wir sollten nicht allzu viel Milde gegen unsere Lieblingsgedanken walten lassen.

Alles das und noch viel mehr, wird der verstehen, der die folgenden Kapitel ließt. Sie wurden als 7 Predigten formuliert. Vielleicht deshalb muten sie recht selektiv und manchmal etwas karg an. Aber sie geben, wie wir meinen, einen guten Leitfaden für das geistliche Verständnis eines Geschichtsbuches des AT, welches mittlerweile mehr als 3.500 Jahre alt ist und trotzdem nichts von seiner Aktualität eingebüßt hat.

Siegen, im Oktober 2024

Josua - Starke Leader

Josua 1

Die Welt sucht händeringend starke Leader. Aber wer übernimmt heutzutage noch gerne Verantwortung für andere Menschen? Wer verfügt über so viel Mut und Kraft, dass er in stürmischen Zeiten, wie den unsrigen, das Schiff auf Kurs halten könnte? Wer hat so viel Sachkenntnis, dass er komplexe Probleme erfolgreich lösen könnte? Die wirklich starke Führungspersönlichkeit scheint eine aussterbende Figur zu sein.

Wer den Himmel erobern möchte, braucht einen starken Leader. Dieser wurde uns in der Person des Heiligen Geistes gegeben. Er macht uns mit den himmlischen Gütern vertraut. Er führt uns kräftig zu diesen hin. Er verfolgt dabei das klare Mandat der Heiligen Schriften. Schließlich hat er diese selbst „gehaucht". Nur wenn wir Vertrautheit mit seinen Vorgehensweisen aufbauen, werden wir den Himmel auf Erden erleben können.

Das Volk Israel brauchte einen starken Leader, um Kanaan einnehmen zu können. Dieser wurde ihm in der Person Josuas von Gott gegeben. Nach dem Tod Moses übernahm er die Führung des Millionenvolks. Im ersten Kapitel des Buches Josuas werden wir Zeugen davon, wie Gott ihn auf diese Aufgabe einstellte. Das Volk selbst vertraute dem so vorbereiteten neuen Leader unter der Bedingung, dass er ihnen nur mutig und unerschrocken voranginge.

Der Geist Gottes ist ein starker Leader

Der Geist führt uns himmelwärts.

Der Geist führt uns kräftig.

Der Geist führt uns schriftgemäß.

Der Geist führt uns himmelwärts

Mein Knecht Mose ist gestorben; und nun, mache dich auf,

gehe über diesen Jordan, du und dieses ganze Volk, in das Land,

das ich ihnen, den Kindern Israel, gebe.

(Jos 1:2)

Josua sollte Israel in das gelobte Land führen. So jedenfalls lautete das Mandat Gottes. Mose hatte das Volk aus der Sklaverei Ägyptens herausgeführt. Nun aber bedurfte es eines Nachfolgers. Der fand sich in der Person Josuas. Dieser hatte Moses vierzig Jahre gedient. Nun war seine Stunde gekommen. Er sollte das Volk Israel über den Jordan führen. Er war der Eroberer des gelobten Landes.

Der Geist Gottes führt uns himmelwärts. Josua verkörpert diese Dynamik in der geschichtlichen Miniatur der Landnahme. Der Geist Gottes beschäftigt sich mit den Dingen, die vor uns liegen. Er beschäftigt sich mit den Dingen, die über uns liegen. Er sehnt sich nach dem himmlischen Land, aus dem er kommt. Er ist der Vektor, der uns himmelwärts zieht. Unter anderem dies sollte man wissen, wenn man in ihn „getaucht" worden ist.

Der Himmel hebt die Schwerkraft auf. Wann immer wir Bilder aus dem All sehen, fällt es uns auf: In den Raumschiffen schweben die Astronauten im freien Raum. Die Schwerkraft herrscht nicht mehr über sie. Auch nicht über die Dinge, die sie essen oder trinken. Es scheint geradezu ein Problem für sie zu sein, dies zu handhaben. Denn in diesem neuen Metier herrschen neue Bedingungen. Die Gesetze des Alls haben Macht über die Astronauten gewonnen.

Der Geist Gottes stellt eine neue Lebensrealität für uns dar. Wenn Menschen ein neues Leben beginnen, dann bekommen sie einen Eindruck davon. Ihre Interessenslage verschiebt sich. Die Dinge der Vergangenheit werden ihnen relativ unwichtig. Ihre Lenkbarkeit verändert sich. Sie werden freiwillig den Vorgaben gehorsam, die Gott macht. Ihre Methoden werden andere. Sie bedienen sich nicht mehr der Mittel der Vergangenheit, um zu ihren Zielen zu kommen.

Männer wie Mose und Männer wie Josua. Es gibt viele Männer wie Mose in der heutigen Zeit. Sie können Menschen unter das Kreuz führen. Es gibt allerdings wenige Menschen wie Josua. Diese können Menschen in den Himmel führen. Diese kennen die Dynamiken des Lebens in dem auferstandenen Herrn. Aber ihrer sind wenige. Denn meistens hängen die Jünger Jesu dem Menschen nach, der sie früher einmal zum Glauben geführt hat.

Der Geist Gottes führt zu Gott und nicht zu Menschen. Dies ist das Geheimnis guter Begleitung für Neuanfänger im Glauben. Es ist gut, wenn wir sie frühzeitig an Gott und nicht an Menschen gewöhnen. Das macht sie fähig, ein Leben in wirklicher Freiheit zu führen. Dies macht sie fähig, sich situationsgerecht zu verhalten. Sie werden das Geheimnis Josuas erleben. Das nämlich war, dass ein Mann in Bindung an Gott große Siege einfahren konnte.

Aber davon weiß eine Christenheit wenig, die in den Kinderschuhen stecken geblieben ist. Sie lebt nach Regeln und nicht nach Geist. Sie freut sich an Bekehrungszeugnissen, die ihnen die skurrile Verrücktheit dieser Welt vor Augen führt. Aber von dem Himmel kann sie dir wenig sagen. Auch nicht von dem Wirken Gottes in ihrem Leben. Sie folgt lieber einem toten Moses, als einem lebenden Josua.

Der Geist führt uns kräftig

Sei stark und mutig! Denn du, du sollst diesem Volke das Land als Erbe austeilen, das ich ihren Vätern geschworen habe, ihnen zu geben.

(Jos 1:6)

Josua sollte stark und mutig sein. Zuerst forderte Gott dies von ihm, dann aber auch das Volk. So stand der Nachfolger Moses unter einem mächtigen Erfolgsdruck. Er konnte sich Schwäche und Zaudern nicht leisten. Zu stark waren die Feinde, als dass er hätte Schwäche zeigen dürfen. Zu hoch war der Anspruch des Gesetzes, als dass er Zweifel hätte zeigen dürfen. Stärke und Mut waren das Gebot der Stunde.

Gottes Geist ist ein Geist der Kraft. Verstehen wir uns richtig: Er ist nicht eine Kraft, sondern er hat Kraft. Dies scheint uns wichtig zu unterstreichen. Denn manche schwärmerischen Christen haben die dritte Person der Gottheit auf eine Kraft reduziert. Wir hingegen glauben, dass Gott, der Geist, eine Person ist, die übernatürliche Kraft ausübt. Sein Wirken stellt Schwächlinge auf die Beine. Sein Mut macht Angsthasen mutig.

Wir brauchen Kraft zur Lösung unserer Probleme. Die Herausforderungen, vor denen wir stehen, sind eine Nummer zu groß für uns. Wir fühlen uns wie ein kleiner Schuljunge, der von seinem Vater gebeten wird, eigenständig die Reifen am SUV aufzuziehen. Wir verfügen weder über die Kraft noch über das Wissen, dies zu tun. Im Übrigen war es selten das Problem des Menschen, dass er nicht gewusst hätte, was zu tun war. Vielmehr fehlte ihm die Kraft dazu.

Unsere Gewohnheiten haben Macht über uns. Unsere großen moralischen Verfehlungen stehen wie befestigte Burgen vor uns. Die kleinen unscheinbaren Charakterschwächen fallen uns in schwachen Momenten in den Rücken. Zu alledem haben wir viel Verständnis für alles und am meisten für uns selbst. Dieses Cluster an Übermacht kann nur durch die Gegenwart des Geistes aufgebrochen werden. Er gibt uns Kraft und er gibt uns Verständnis.

Gott hat Ansprüche an uns. Diese sind so hoch, dass wir zunächst an ihnen scheitern. Dann aber sind sie in der Kraft des Geistes doch erreichbar. Denn der bewirkt in uns, was Gott gut gefällt. Machen wir uns nichts vor! Das Leben eines Christen ist eines über dem Durchschnitt. Ansonsten wären lebenslange eheliche Treue, der unbedingte Schutz ungeborenen Lebens, der Verzicht auf Lug und Trug doch kein Problem für uns, oder?

Der Geist der Kraft befähigt uns. Er macht uns tauglich dazu, ein Leben über dem Durchschnitt zu führen. Er verleiht uns Mut, wenn andere vor Angst vergehen. Er verleiht uns Weisheit, wo andere wie der Ochs vor dem Berg stehen. Er verleiht uns Kraft, wo andere entkräftet das Feld räumen müssen. „Besser sind wir nicht, aber besser sind wir dran", heißt es deshalb in einem altem christlicher Gassenhauer. Den Unterschied aber macht der Heilige Geist.

Gott und Menschen erwarten Mut und Stärke von uns. Dieser Anforderung sollte sich ein Christ bewusst sein. „Unverzagt und ohne Grauen / soll ein Christ / wo er ist / stets sich lassen schauen", dichtete deshalb Paul Gerhardt in dem alten Kirchenlied „Warum sollt ich mich denn grämen". Diesem bilateral hohen Anspruch werden wir aber nur in der Kraft des Geistes gerecht. Wer ihn hat, sollte deshalb, wie Josua, ein kräftiges und mutiges Auftreten anstreben.

Der Geist führt uns schriftgemäß

Nur sei sehr stark und mutig, dass du darauf achtest, zu tun nach dem ganzen Gesetz, welches mein Knecht Mose dir geboten hat.

(Jos 1:7)

Josua sollte sich an das Gesetz Moses halten. Nicht etwa an Teile desselben, sondern an das gesamte Gesetz. Er hatte den Kampf des Propheten um das Gesetz miterlebt. Wie Mose die Tafeln empfing und sie wieder zerbrach. Er wusste um die dedizierten Anweisungen für das soziale, kultische und militärische Leben in Israel. Und nun wurde er von Gott an dieses schriftliche Mandat gebunden. Dies sollte ihm Gelingen garantieren.

Der Geist Gottes handelt schriftgemäß. Schließlich war er es auch, der die Schriften eingehaucht hatte. Dies gilt sowohl für die Literatur des Alten wie auch des Neuen Testaments. Der Geist müsste sein eigenes Sein und Wollen verleugnen, wenn er in seinen Handlungen gegen das Wort verstieße. Er würde das eine sagen und das andere tun. Von Menschen wären wir solches gewohnt, von Gott hingegen nicht.

Der Geist prüft also die Geister. Die Bibel spielt dabei eine entscheidende Rolle. An ihr müssen sich die Dinge messen lassen. Ist ein zu beurteilender Sachverhalt vereinbar mit den Schriften, so könnte er geistgewirkt sein. Wenn nicht, dann eben nicht. Der Prüfstein der Dinge ist der Kanon, die Messschnur, der Heiligen Schriften. Nicht Meinungen von mehr oder weniger geistbegabten Menschen haben das letzte Wort, sondern vielmehr das Wort selbst.

Der Geist bestimmt, was wir glauben sollten. Wir glauben deshalb nicht, dass Menschen Jesus in Visionen sehen können. Wir glauben deshalb auch nicht, dass die Scheidung eine Option für schlecht laufende christliche Ehen ist. Wir glauben deshalb ebenso wenig, dass Frauen auf die Kanzel einer Kirche gehören. Wir glauben deshalb erst recht nicht, dass Gott die „bunte Vielfalt" liebt. Die Schrift verbietet uns, dies zu glauben.

Die Schrift verdient sich Treue. Nicht wir bestimmen über sie, sondern sie bestimmt über uns. Wir haben kein Recht, zu wählen, was wir glauben wollen und was nicht. Denn wir alle stehen in der Gefahr, zu konservativ oder zu liberal an die Schriften heranzugehen. Wir haben vielmehr die Pflicht, das treu zu leben und zu sagen, was wir in ihr lesen. Ansonsten wird das Wort nicht Fleisch. Der Geist aber will, dass Gott sichtbar wird.

Die Schrift garantiert uns Gelingen. Sowie uns die wissenschaftlichen Leitlinien therapeutische Erfolge garantieren. Wer als Mensch Gottes den Segen Gottes erleben will, muss seine Bibel kennen. Er sollte wissen, was er tun und was er lassen sollte. Er sollte wissen, was man sagen sollte und was nicht. Die Gläubigen waren in diesem Vertrauen auf das Wort ihrer Umwelt oftmals überlegen. Sie wurden ehrfurchtsvoll das „Volk des Buches" genannt.

Davon sind wir heute weit entfernt. Nur wenige Christen kennen ihre Bibel gut. Viele von ihnen halten das Alte Testament kategorisch geschlossen. Selbst leitende Brüder verlegen sich eher auf ihre Erfahrung als auf die Heiligen Schriften, wenn es um die Beurteilung von Glaubensangelegenheiten geht. Die Bibel bleibt geschlossen und die Computer offen. So aber gräbt man auch dem Geist Gottes das Wasser ab. Denn dieser fließt aus den Schriften.

Rahab – Intelligenter Opportunismus

Josua 2

Italiener sind intelligente Opportunisten. Sie haben ein untrügliches Gefühl dafür, wann man eine günstige Gelegenheit nutzen sollte. Dies stellten sie zum Ende des 2. Weltkriegs unter Beweis. Am 3. September 1943 unterzeichnete Marschall Pietro Badoglio den Waffenstillstand von Cassibile. Dadurch löste sich Italien von seinem bisherigen Bündnispartner Deutschland und stellte sich faktisch auf die Seite der Alliierten. Es wechselte von der Seite der späteren Kriegsverlierer auf die Seite der späteren Kriegsgewinner.

Wer den Himmel erobern will, muss Opportunist sein. Er muss die Gelegenheit, die sich ihm bietet, beim Schopf packen. Er sollte von der Seite des Verlierers auf die Seite des Gewinners wechseln. Er sollte Frieden mit Gott machen. Gewinnen kann er den laufenden Krieg gegen diesen sowieso nicht. Also sollte er die Hand besser küssen, die er nicht brechen kann. Es ist, strenggenommen, ein Prozess des Umdenkens, der in Gang gebracht wird. Dieser führt den Menschen dazu, sein Leben unter dem Kreuz zu beenden, um ein neues zu beginnen.

Die Prostituierte Rahab war eine solche Opportunistin. Sie nutzte die Gunst der Stunde, als zwei jüdische Spione bei ihr übernachteten. Sie forderte nicht weniger als die Schonung ihres Lebens für den Fall der Eroberung Jerichos. Sie verlangte nach einem sicheren Zeichen hierfür. Sie war geschäftstüchtig, fordernd und umsichtig. So rettete sie ihr eigenes Leben und auch das ihrer Familie. Das zweite Kapitel des Buches Josua erzählt uns ausgiebig von dieser opportunistisch motivierten Rettungstat.

Intelligenter Opportunismus

Wie der Geist uns heimlich von Tatsachen überführt.

Wie der Geist uns sichere Verbindlichkeiten gibt.

Wie der Geist uns Unglaubliches glauben lässt.

Der Geist überführt uns heimlich

Und Josua, der Sohn Nuns, sandte von Sittim heimlich zwei
Männer als Kundschafter aus und sprach: Gehet, besehet das
Land und Jericho.

(Jos 2:1)

Das zweite Kapitel des Buches Josua ist geprägt von einer gewissen Heimlichkeit. Josua sandte die zwei Kundschafter heimlich aus. Rahab verbarg sie dann auch vor dem Zugriff der Häscher des Königs von Jericho. Die militärische Aktion der Erkundung hätte mit „streng vertraulich" abgelegt werden können. Niemand außer der Prostituierten Rahab und den beiden israelischen Spähern wussten von ihr.

Das Wirken des Heiligen Geistes ist ein heimliches. Der Geist Gottes wirkt an dem Geist des Menschen unter Ausschluss der Öffentlichkeit. Der Betroffene wird heimlich, still und leise von den Tatsachen des göttlichen Handelns überführt. Er nimmt sie infolgedessen als wahr an. Er glaubt, dass es so kommen wird, wie die Bibel es sagt. Er begreift, dass er sich auf die Seite der Glaubenden schlagen muss, um zu überleben.

So gesehen ist der Glaube ein Geheimnis. Niemand Außenstehendes begreift dessen sehr intime Wirkungsweisen. Wohl ahnt die Umwelt, dass da etwas geht, nicht aber versteht sie, was genau da geht. Denn man schaut dem Menschen bekanntlich nur bis „vor den Kopf" aber nicht dahinter. Insofern ist der Eintritt des Geistes Gottes in das Denken eines Menschen eine Sache zwischen Gott und dem Menschen allein.

Gesellschaftliche Randgruppen glauben leichter. Dies beweist das Beispiel Rahabs. Sie war eine „Sexarbeiterin", wie man heute sagen würde. Sie hatte ihre Wohnung in der Stadtmauer. Marginaler geht es wohl kaum. Das gut bürgerliche Leben der feinen Herren in Jericho war für sie eine Farce. Sie tat sich leicht damit, auf die andere Seite überzulaufen. Vor allem sagte ihr der gesunde Menschenverstand, dass die Israeliten die zukünftigen Besitzer des Landes wären.

Das Evangelium ist eine Sache für einfache Leute. Von jeher tun sich Kinder, Hausfrauen und Bauern leichter, es zu glauben, als so mancher verkopfte Akademiker. Das schlichte Denken eines einfachen Menschen ist kompatibel mit den einfachen Worten und Wahrheiten, die der Geist gebraucht. So gefällt es Gott, dem Vater, sich auf schlichte Weise schlichten Menschen zu offenbaren.

Auch ist das Evangelium eine Sache des wohl kalkulierten Denkens. Der rechnet nämlich nicht damit, dass alles schon irgendwie gut gehen wird. Er weiß, dass der Sünder seine gerechte Strafe erhalten muss. Er begreift, dass die Geschichte der Menschheit sich ihrem vorläufigen Ende naht. Er ahnt, dass nur eine übernatürliche Kraft ihn aus der Aussichtslosigkeit des gegenwärtigen Desasters erretten kann.

Alle diese großen Überlegungen spielen sich in unserem kleinen Hirn ab. So wie Rahab ihre geheimen Gespräche mit den Kundschaftern auf dem Dachboden ihres Hauses führte. Unter Ausschluss der Öffentlichkeit. Der Geist Gottes beginnt mit dem Geist des Menschen über wahre Dinge zu sprechen. Das ist der Anfang einer jeden Errettung. Wenn du also ahnst, dass es so nicht weitergehen kann, dann rechne damit, dass Gott mit dir sprechen will.

Der Geist überführt uns verbindlich

Und die Männer sprachen zu ihr: Unsere Seele soll an eurer
Statt sterben, wenn ihr diese unsere Sache nicht verratet; und es
soll geschehen, wenn der Herr uns das Land gibt, so werden wir
Güte und Treue an dir erweisen.

(Jos 2:14)

Rahab nutzte die Gunst der Stunde. Sie forderte Garantien von den Kundschaftern. Nicht nur für sich selbst, sondern auch für ihre Angehörigen. Die geschäftstüchtige Frau ließ die beiden Spione schwören. Dies taten die beiden Männer schnell und ohne Umstand. Sie schwuren bei ihrem eigenen Leben. Es musste ihnen also absolut ernst gewesen sein. Sie sicherten der Frau, die Untreue von Männern gewohnt war, Güte und Treue zu.

Der Geist Gottes gibt uns Garantien. Täte er dies nicht, würden wir ihm nicht vertrauen. Schließlich übereignen wir Gott unser Leben, wenn wir zum Glauben kommen. Dann wollen wir aber auch, dass dieses Leben in sicheren Händen ist. Ähnlich, wie wir auch sicher sein wollen, dass der Kardiologe die Technik des Herzkatheters beherrscht, wenn wir uns diesem invasiven Eingriff unterziehen.

Die größte Garantie gab Gott auf Golgatha. Dort zog er es vor, lieber zu sterben, als uns sein Wort zu brechen. Alle Versprechen Gottes wurden durch den Tod Christi „Ja und Amen". Mit dem Blut seines Sohnes unterzeichnete Gott den Vertrag des Glaubens. Dieser gilt für jeden Menschen, der ihn eingeht. Dieser blutige Schwur Gottes garantiert uns seine Fürsorge und Schonung für Zeit und Ewigkeit.

Der Geist Gottes kennt Rechte und Pflichten. Der Neue Bund Gottes von Golgatha kennt Rechte und Pflichten. So ist es wohl bei einem jedem Vertrag, der auf Erden geschlossen wird. Gottes Pflichten überragen allerdings bei Weitem seine Rechte. Unsere einzige Verpflichtung ist es hingegen, lebenslanges Vertrauen in die von Gott geschaffenen Tatsachen zu haben. Auch wenn dies etwas schwerer ist, als es sich hier vielleicht anhört.

Der Geist Gottes stellt aber auch selbst eine Garantie dar. Er ist eine Art Unterpfand, das Gott in unsere Person gelegt hat. Er will diese Anzahlung zurückhaben, wenn er wiederkommen wird. Wegen dieses Ringes des Geistes wird auch die Verpackung unseres Lebens an dem Tag gerettet werden, wenn Jesus wiederkommen wird. Gott eifert mit einem gewissen Nachdruck für die Dinge, die ihm gehören.

Der christliche Glaube hängt an zwei Haken. Der erste Haken wurde auf Golgatha aufgehängt, der zweite Haken in uns selbst. Auf Golgatha schuf Gott Tatsachen außerhalb von uns, die uns vertrauen lassen. In uns selbst hingegen wirkt der Geist Gottes, der uns Vertrauen in diese Tatsachen darreicht. Diese „doppelte Zertifizierung" bewirkt in uns einen unerschütterlichen Glauben, den auch „feindliche Hacker" nicht knacken können.

Du kannst dich darauf verlassen, dass die Dinge gut werden. Dies sage ich nicht im derzeit gängigen Jargon: „Alles wird gut!". Dies sage ich, weil Gott uns Zusagen gegeben hat. Sein Wort ist belastbar. Er wird die blutige Unterschrift des Vertrages von Golgatha nicht zurücknehmen. Dies widerspräche seiner Natur. Er wird hingegen alles dafür tun, dass dein Leben geschont wird, an dem Tag, wo er kommen wird, um diese Welt zu richten.

Der Geist überführt uns seltsam

Siehe, wenn wir in das Land kommen, so sollst du diese Schnur von Karmesinfaden in das Fenster binden, durch welches du uns heruntergelassen hast.

(Jos 2:18)

Ein Karmesinfaden sollte Rahab und ihre Familie retten. Den sollte sie in das Fenster ihres Hauses hängen. Dort war er für die herannahenden Israeliten sichtbar. Die Bewohner Jerichos hingegen sahen diesen nicht. Die Prostituierte wohnte schließlich in der Stadtmauer. Dieses seltsame Vorgehen würde sie und auch ihre Familie vor dem Gericht der Feinde retten. Gesetzt den Fall, dass alle beim Tag der Eroberung im Hause blieben.

Der Karmesinfaden spricht vom blutigen Opfertod Christi auf Golgatha. Der rote Farbstoff wird aus dem Blut der Schildläuse gewonnen. Diese wiederum benutzen das tiefrote Pigment zur Abwehr ihrer Fressfeinde. In der biblischen Symbolsprache wird es benutzt, um im AT auf den blutigen Opfertod Christi hinzuweisen. Besonders häufig lesen wir von ihm, wenn es um die Stoffe geht, die in der Stiftshütte verwendet wurden.

Der Geist führt den Menschen zum Blut Christi. Dies stellt für den modernen Humanisten ein größeres Problem dar. Er tut sich schwer zu glauben, dass Reinheit des Herzens über den Schmutz des Blutes führt. Zu sauber und licht ist unsere esoterische Wünsche-Welt, als dass man über einen Weg des Blutes in sie eintreten könnte. Und doch überwindet der Geist dieses Hindernis, wenn er einen Menschen zum Glauben führt.

Das Blut Christi errettet uns von dem kommenden Zorn Gottes. Jeder Mensch, der sich auf dieses Blut beruft, wird von Gott im Gericht geschont werden. Diese Zusage der Bibel ist absolut belastbar. Gott schonte seinen einzigen Sohn nicht im Gericht, damit dieses Vorgehen möglich wurde. Weil Jesus sein Blut stellvertretend für uns vergoss, wird unser Blut, will heißen unser Leben, im kommenden Gericht Gottes ausgespart werden.

Diese Szene aus dem Buch Josua erinnert stark an die Passah-Nacht. Auch beim Auszug Israels aus Ägypten spielte Blut eine rettende Rolle. Damals wurde das Blut eines Lammes an die Türpfosten der Häuser des Gottesvolkes gestrichen. Dieses bewirkte, dass der Todesengel in der Nacht des Auszugs an dem Haus vorüberging. Sah er das

Blut, so ging er weiter. Sah er es nicht, so tötete er den Erstgeborenen des Hauses.

Das Blut Christi garantiert uns und unserem Umfeld Schonung. Bedenken wir, dass nicht nur Rahab, sondern auch ihre Angehörigen verschont blieben. Es scheint so, als ob die Familie der Prostituierten schnell die Annahmen derselben teilten. Ähnlich wie damals brennt der Glaube vor allem im sozialen Umfeld des Erretteten wie ein Lauffeuer. Es ist eine Frage von Kommunikation und auch Vertrauen, die der Ausbreitung der Informationen Bahn macht.

Tatsächlich führt der Geist uns auf einen blutigen Weg der Errettung. Wenn wir bis zum Ende unter dem Schutz des Blutes Christi bleiben, werden wir gerettet. Sollten wir andere Wege einschlagen, würde Gott das nicht besonders beeindrucken. Denn ihn interessiert allein die Frage, ob Blut an der Tür deines Lebenshauses zu finden ist oder nicht. Dieses aber garantiert dir sicher die Errettung vom kommenden Zorn.

Jordan - Vom Tod zum Leben

Josua 3 – 4

Als wir nach Italien wollten, mussten wir den Brenner überqueren. Hinter uns lag ein verregnetes Deutschland. Vor uns taten sich die sonnendurchfluteten Weinberge Südtirols auf. Aber wir mussten über den Brenner. Und der war von seiner Geschichte her ein Ort heftiger Kämpfe und strenger Kontrollen. Davon zeugen heute noch alte Kasernen, Polizeistationen und verrostete Zollstangen. Die mussten wir hinter uns lassen, als wir einen neuen Lebensabschnitt auf italienischem Boden begannen.

Wer den Himmel erobern will, muss sich bekehren. Dies ist relativ einfach und doch so schwer. Einfach, weil Gott in Jesus Christus alle Voraussetzungen dafür geschaffen hat. Schwer, weil wir unseren Stolz überwinden müssen, wenn wir in das Reich Gottes eingehen wollen. Wenn wir dann noch diese innerliche Dynamik durch das äußere Zeugnis der Taufe bekräftigen sollen, tun wir uns nicht immer so leicht.

Als Israel nach Kanaan wollte, musste es den Jordan durchqueren. Die Kapitel 3 und 4 des Buches Josua schildern diesen historischen Schritt. Sie stellen minutiös den Übergang eines Millionenvolks in seine neue Heimat dar. Die Lade des Bundes, die Priester Gottes und seltsame Steinhaufen rücken dabei in den Blick des Lesers. Sie entwerfen ein plastisches Bild davon, was es bedeutet, vom Tod ins Leben überzugehen.

Vom Tod zum Leben

Der das Gericht aufhielt

Die das Zeugnis aufrechterhalten

Die das Leben bezeugen

Der das Gericht aufhielt

Da blieben die von oben herabfließenden Wasser stehen; sie richteten sich auf wie ein Damm, sehr fern ... und das Volk zog hindurch, Jericho gegenüber.

(Jos 3:16)

Die Israeliten konnten trockenen Fußes durch den Jordan ziehen. Die Lade des Bundes hielt die Wasser des Flusses zurück. Im Erntemonat September führt der Jordan bekanntlich viel Wasser. Dieses Mal jedoch wurden die Wassermassen ungefähr 20 Kilometer oberhalb des Ortes des Durchzugs gestaut. Eine mächtige unsichtbare Hand hielt die Kraft des Wassers bei dem Örtchen Adama zurück.

Heutzutage kommen Menschen ohne Weiteres in den Himmel. Denn Jesus Christus hat das Gericht, das sie verdient hätten, auf sich genommen. Dies geschah unter Ausschluss der Öffentlichkeit auf dem Hügel Golgatha in Jerusalem. Dort ließ Gott eine große Finsternis über das Land kommen, als er auf seinem Sohn Gericht für unsere Sünden übte. Seitdem ist es möglich, trockenen Fußes vom Tod ins Leben überzugehen.

Die Staumauern unserer Talsperren sind imposante Bauten. In Tadschikistan und China stehen die höchsten von ihnen. Sie sind um die 300 Meter hoch. Die architektonischen Meisterwerke halten enorme Wassermengen zurück. Der Druck auf ihre Rundmauern muss extrem hoch sein. Sie halten den Urgewalten der Natur stand. Nur so kann der Mensch seinen Nutzen aus der Kraft des Wassers ziehen.

Wie hoch muss der Leidensdruck gewesen sein, der auf dem Herrn lag? Die Psalmen und Propheten legen dem leidenden Retter folgende Worte in den Mund: „Tiefe ruft der Tiefe beim Brausen deiner Wassergüsse; alle deine Wogen und deine Wellen sind über mich hingegangen." (Ps 42:7) „Denn du hattest mich in die Tiefe, in das Herz der Meere geworfen, und der Strom umschloss mich; alle deine Wogen und deine Wellen fuhren über mich hin." (Jona 2:3)

Der Herr glich einem Ertrinkenden, als Gott Gericht an ihm übte. Er muss nach Luft geschnappt haben. Er muss nach Halt gesucht haben. Aber der überbordende Zorn eines gerechten Gottes kannte keine Gnade. Er schwemmte die Sünden der Welt vor seinem Angesicht hinweg. Die Welle eines Tsunamis wäre zu schwach, um dieses Ereignis zu beschreiben. Doch der Stellvertreter hielt standhaft in diesem Gericht aus.

In der Auseinandersetzung mit den Juden sagt Jesus einmal diesen großen und verheißungsvollen Satz: "Wahrlich, wahrlich, ich sage euch: Wer mein Wort hört und glaubt dem, der mich gesandt hat, hat ewiges Leben und kommt nicht ins Gericht, sondern er ist aus dem Tode in das Leben übergegangen" (Joh 5:24). Es braucht bis heute also nur Glauben an das Wort Gottes. Dieser reicht für einen Übergang vom Tod zum Leben.

So einfach ist das und doch so schwer! Denn vielen Menschen scheint dies zu billig zu sein. Sie meinen, dass der Himmel verdient werden muss. Sie glauben vielleicht auch, dass sie selbst das Gericht dulden müssen, von dem wir sprachen. Tatsache aber ist, dass Gott uns noch den Weg über den Jordan offenhält. Noch ist Zeit der Gnade. Die aber dauert nicht mehr lange. Deswegen nutze die Zeit, um vom Leben zum Tod zu gelangen.

Die das Zeugnis aufrechterhalten

Und die Priester, welche die Lade trugen, blieben in der Mitte des Jordan stehen, bis alles vollendet war, was der HERR dem Josua geboten hatte.

(Jos 4:10)

Die Priester Israels standen fest im trockenen Flussbett des Jordans. Auf ihren Schultern lastete die Lade des Bundes. Sie waren die Ersten die in den Jordan hinab- und sie waren die Letzten, die wieder aus ihm hinaufstiegen. Wir wissen nicht, wie lange sie dort so standen. Aber 600.000 Männer mit ihren Familien brauchten ihre Zeit, auch wenn sie sich beeilten. So verlangte dieser Dienst der Priester vor allem eins: Standfestigkeit.

Die Priester des Neuen Bundes halten das Zeugnis Christi aufrecht. Sie halten die Wahrheiten der Bibel hoch. Vor allem die gute Botschaft vom Leben und Werk Christi. Dieses bezeugen sie verbal. Sie predigen und lehren, sie trösten und ermahnen, sie beten und flehen zu Gott. So lange sie dies tun, haben Menschen die Chance, Rettung zu finden. Denn der christliche Glaube kommt aus der Predigt des Wortes.

Von den Christen wird vor allem Standfestigkeit erwartet. Die Wahrheit, die sie hochhalten, ist von je her eine angefochtene. Die Lügen dieser Welt wollen sie ersticken. Je länger, desto mehr. Je finsterer diese Welt wird, desto härter wird der Kampf um die Wahrheit. Da ist die Versuchung groß, das Feld zu räumen. Wer erträgt es schon gerne, als „rückständig", „ewiggestrig" oder „engstirnig" betitelt zu werden? Nur weil er oder sie die Wahrheiten des „Alten Buches" hochhalten.

Diese Spannung ist so alt wie das Christentum selbst. Schon der Gemeinde in Korinth schrieb der Apostel Paulus: „Denn mich dünkt, dass Gott uns, die Apostel, als die Letzten dargestellt hat, wie zum Tode bestimmt; denn wir sind der Welt ein Schauspiel geworden, sowohl Engeln als Menschen" (1.Kor 4:9). Die Apostel und ihre Mitarbeiter waren „das Letzte" in den Augen der Menschen, denen sie dienten.

Wir haben ähnlich geurteilt über die, die uns das Evangelium brachten. Wir haben sie belächelt, verspottet und den Kopf über sie geschüttelt. Aber sie waren hartnäckig. Sie suchten uns immer wieder auf. Sie blieben am Ball. Vor allem aber blieben sie bei der Wahrheit. Nämlich der der Bibel. Sie bestanden darauf, dass niemand in den Himmel kommt, wenn er sich nicht bekehrt. Sie bestanden auch darauf, dass es keine Rettung außerhalb von Jesus gibt.

Wir haben es der Standfestigkeit der Generationen vor uns zu verdanken, dass die Frohe Botschaft auch zu uns gekommen ist. Die Christen vor uns haben sich nicht den Mund verbieten lassen. Sie haben, wo immer sie konnten, von Jesus geredet. Sie haben die Stellung gehalten, obwohl sie manchmal ihre Arbeit dafür verloren. Einige von ihnen gingen lieber auf den Scheiterhaufen, als dass sie die Wahrheit verleugnet hätten.

Es ist schwerer, als man denkt, das Zeugnis aufrechtzuerhalten. Viele Dynamiken in uns und um uns wollen uns dahin bringen zu schweigen. Und dennoch ist des wichtiger denn je, dass wir reden. Denn in Kürze wird Gott seine Leute abziehen. Mit ihnen wird das Licht der Schrift erlöschen. Niemand wird dann mehr in den Himmel kommen. Deshalb sollten wir jetzt noch standfest in den Tiefen der Verachtung das Wort vom Kreuz hochhalten

.

Die das Leben bezeugen

Und jene zwölf Steine, die sie aus dem Jordan genommen

hatten, richtete Josua zu Gilgal auf.

(Jos 4:20)

Zwölf Steine richtete Josua zu Gilgal auf. Für jeden Stamm Israels einen. Es war seine erste Amtshandlung im Westjordanland. Diese Steine waren ein Denkmal. Es sollte an den Durchzug Israels erinnern. Es sollte an das Wunder Gottes erinnern. Es war ein sichtbares Zeichen der unsichtbaren Macht. Dies sollten die Kinder Israel, aber auch die umliegenden Völker erinnern. Die Steine redeten von der erfahrenen Errettung.

Die Taufe ist das Gegenbild zu diesem Steinhaufen. Sie ist ein sichtbares Zeichen der erfahrenen Macht Gottes. Sie gehört zu den wenigen äußerlichen Zeichen der Christenheit. Neben dem Abendmahl ist sie die zweite wichtige Handlung der Kirche Gottes. Sie sollte zeitnah zur Bekehrung erfolgen. Sie sollte der sichtbaren und unsichtbaren Welt klar machen, dass ein Mensch vom Tod zum Leben übergegangen ist.

Dieses Verständnis ist eine klare Absage an die Praxis der Kindstaufe. Der sichtbaren Handlung der Taufe geht nämlich immer die unsichtbare Erfahrung der Errettung durch Glauben voraus. Diese macht ein Mensch aber nur dann, wenn er selbst denken und entscheiden kann. Von Säuglingen kann man dies wohl kaum behaupten. Die sakrale Handlung an dem Neugeborenen mag wohl eindrucksvoll sein, biblisch aber ist sie nicht.

Die Taufe gehört zu den angefochtenen Ereignissen im Leben eines Christen. Der Widersacher hat jedes Interesse daran, sie zu unterbinden. Er will nicht, dass Menschen von seiner Seite auf die seines verhassten Gegners überlaufen. Dies versucht er mit allen Mitteln zu verhindern. Den einen ist die Taufe als Erwachsener peinlich. Andere werden blutig verfolgt, wenn sie, beispielsweise, vom Islam zum Christentum konvertieren.

Als ich zum Glauben an den lebendigen Gott kam, ließ ich mich noch einmal taufen. Dies war vor allem meinen Eltern kaum zu vermitteln. Auch mein kirchlich gebundener Arbeitgeber hatte kein Verständnis hierfür. Er drohte mir offen mit der Einbuße geplanter Karriereschritte. Ich selbst hatte keine guten Gefühle auf dem Weg zur Taufe. Ganz im

Gegenteil. Ich wusste aber, dass es ein Schritt war, der zu tun war. Weil die Schrift es so sagt.

Viele christlich geprägte Gegenden empören sich darüber, dass die Kreuze in den Schulen abgehangen werden. Sie empören sich aber nicht darüber, dass Menschen in einer falschen Sicherheit gewogen werden, wenn man sie als Säugling tauft. Die Lehre von der Taufwiedergeburt ist unbiblisch und teuflisch. Kein Mensch kommt in den Himmel, weil man ihn „zwangsbefeuchtet". Nur der kommt in den Himmel, der sich bekehrt.

So ist es ein unbedingter Akt des Gehorsams sich taufen zu lassen, wenn man errettet worden ist. Denn „Wer da glaubt und getauft wird, wird errettet werden; wer aber nicht glaubt, wird verdammt werden." (Markus 16:16) Die Taufe ist zwar nicht heilsnotwendig, aber sie ist ein Akt des erinnernden Gehorsams. Gott legt Wert auf sie. Genauso wie es Josua wichtig war, den Steinhaufen zu bauen. Was hindert dich also, getauft zu werden?

Gilgal - Garanten des Erfolgs

Josua 5

Drei Dinge braucht der Mann: Feuer, Pfeife, Stanwell. Jeder Babyboomer, der ähnlich medienaffin wie ich groß wurde, kennt diese Werbung aus den 70er-Jahren. Hans-Joachim Kuhlenkampf bewarb die dänische Tabakmarke. Loriot griff den Slogan dann später in seinen unvergleichlich komischen Cartoons auf. So, oder so, jedem Mann war danach klar, dass er nur den dänischen Tabak, das Feuer und die Pfeife brauchte, um gelassen durchs Leben zu gehen.

Drei Dinge braucht hingegen ein Christ zum erfolgreichen geistlichen Kampf: Verzicht, Vergebung und Vertrauen. Sie sind, neben Glaube, Liebe und Hoffnung, die drei Kardinaltugenden für das gelingende praktische Leben vor Gott. Sie garantieren Erfolg in unseren Unternehmungen. Wenn wir konsequent zu ihnen zurückkehren, wird uns niemand aufhalten können. Denn sie sind es, die Gottes Gegenwart in unserm Leben sichern.

Drei Dinge geschahen zu Gilgal: Das Volk wurde beschnitten, es feierte sein erstes Passah auf heiligem Boden und Josua machte Bekanntschaft mit dem Oberbefehlshaber der himmlischen Heerscharen. Wir lesen davon im 5. Kapitel des Buches Josua. Der kleine Ort im Westjordanland wurde im Lauf der Landnahme zu einer wichtigen Start- und Landebahn für die Kämpfer Gottes. Wann immer sie an diesen Ort zurückkehrten, sollten sie militärischen Erfolg haben.

Die Garanten des Erfolgs

Verzicht

Vergebung

Vertrauen

Verzicht

*In selbiger Zeit sprach der Herr zu Josua: Mache dir Stein-
messer und beschneide wiederum die Kinder Israel zum zweiten
Male.*

(Jos 5:2)

Der Herr gebot dem Josua die Beschneidung der zweiten
Generation. Dieser ließ die Männer Israels auf dem „Hügel
der Vorhäute" (Aralot) beschneiden. Hierzu benutzte er
scharfe Steinmesser, nicht etwa chirurgische Skalpelle. In-
folge des Eingriffs waren die Israeliten ungefähr 8 Tage lang
nur „bedingt kampffähig". Militärisch gesehen war dieser
Eingriff zu diesem Zeitpunkt also fast schon so etwas wie
ein Fehler. Aber Gott wollte es so.

Als neutestamentliche Gläubige wurden wir in Christus
beschnitten. Dies geschah in dem Moment, als wir uns be-
kehrten. Damals legten wir den fleischlichen Leib der Sünde
unter dem Kreuz von Golgatha ab. Diese Beschneidung war
kein manueller chirurgischer Akt. Vielmehr stellte er die
Auslieferung aller sündigen Lebensgewohnheiten an den
Herrn dar. Es handelte sich wohl eher um eine Bankrotter-
klärung als eine Operation.

Ein guter Freund schilderte mir diese Kapitulation einmal sehr eindrücklich. Er war in seinem alten Leben heroinabhängig gewesen. Nach seiner Bekehrung zu Jesus Christus machte er eine Therapie. Im Verlauf derselben wurde ihm bewusst, dass lügen, betrügen, stehlen und erpressen keine Option mehr für ihn waren. Er musst auf alle diese und noch viele andere Mittel verzichten, um in einem neuen Leben zu neuen Zielen zu kommen.

Ein „beschnittenes" Leben zu führen ist somit eine große Herausforderung für uns. Der Stellung nach wurden wir zwar zum Zeitpunkt unserer Bekehrung beschnitten. Die Lebenspraxis aber muss jeden Tag nun den Verzicht auf fleischliche Mittel unter Beweis stellen. Es ist ein andauerndes Annehmen und Verwerfen von Handlungsmustern, die der Herr für „brauchbar" oder eben für „unbrauchbar" erklärt hat.

"Der Geist ist es, der lebendig macht; das Fleisch nützt nichts", sagt Jesus einmal zu seinen Jüngern in Joh 6:63. Er erteilt damit sündigen, menschlichen Methoden eine klare Absage. Menschliche Machenschaften können niemals Gottes Werk ersetzen. Alleine der Geist Gottes hat die Fähigkeit, ewiges Leben in unserem irdischen Leben zu erzeugen. Wir können noch so viel tricksen, mauscheln, machen und tun, es hat vor Gott keinen Bestand.

Wie wichtig Verzicht für den Erfolg ist, lernen wir am ehesten von den Leistungssportlern. Eine Schwester in unserer Gemeinde war Weltmeisterin im Downhill-Biken. Wir wurden nicht nur stolze Zeugen ihres Erfolgs, sondern auch ihres eingeschränkten Lebensstils. Sie aß manchmal nur trockenes Vollkornbrot, trainierte mindestens drei Stunden am Tag und verzichtete auch auf Heirat und Familienglück. Dies war der Preis für einen weltweiten Erfolg.

Der Verzicht auf Fleischlichkeit ist ein Garant eines fruchtbaren Lebens. Die Faust auf dem Tisch wird sich nicht durchsetzen. Vielmehr das milde Wort, das Knochen brechen kann. Lügen haben tatsächlich kurze Beine und die Wahrheit einen langen Atem. Wir sehen schwarz für den, der schwarz zahlt und glauben, dass ehrliche Arbeit sich lohnt. Dies und vieles mehr ließe sich sagen, um einem beschnittenen Lebensstil das Wort zu reden.

Vergebung

Und die Kinder Israel lagerten in Gilgal; und sie feierten das
Passah am vierzehnten Tage des Monats, am Abend, in den Ebe-
nen von Jericho.

(Jos 5:10)

Es war das erste Passah im verheißenen Land. Dem
folgte das Fest der ungesäuerten Brote. Diese wurden zum
ersten Mal mit Korn aus Kanaan hergestellt. Denn das
Manna hörte in diesen Tagen auf. Vierzig lange Jahre hatten
sie Himmelsbrot gegessen. Vierzig Jahre war es nun her,
dass Gott sie in der Passah – Nacht verschont hatte. Sie aßen
und tranken in dem Bewusstsein, dass ihnen Vergebung wi-
derfahren war. Sie waren bevorzugt.

Wer im geistlichen Kampf Erfolg haben will, muss sich
seiner Vergebung bewusst sein. Denn wer macht, der macht
auch falsch. Und wo gehobelt wird, da fallen Späne. Jeder,
der den Himmel erobern will, der wird auch mal an der
Hölle vorbeischlittern. „Gut gemeint und schlecht gemacht" steht unter so manchem Urteil, das der Himmel uns
ausstellt. Wer da nicht weiß, dass ihm vergeben ist, verliert
doch leicht den Mut.

Ein gutes Gewissen ist ein sanftes Ruhekissen, sagt ein altes deutsches Sprichwort. Dies gilt nicht nur für den Schlaf, sondern auch für den Glauben. Dabei ist es gar nicht so einfach, ein gutes Gewissen zu bewahren. Gerade die Aufrichtigen und Ernstmeinenden haben da so ihre Probleme. Sie gehen doch sehr ungnädig mit sich selbst um, wenn sie fehlen oder scheitern. Für sie kann der Herr den Fehler, den sie gemacht haben, unmöglich vergeben.

„Auch unser Passah ist geschlachtet", lehrt Paulus in 1. Kor. 5:7. Dieser Umstand verpflichtet uns auf der einen Seite zu einem sündlosen Leben. Auf der anderen Seite tröstet er uns aber auch für den Fall, dass wir sündigen. Für den Fall, dass wir Mist bauen, dürfen wir wissen, dass es einen Misthaufen gibt, wo wir diesen hinbringen dürfen. Jesus starb für unsere Sünden auf dem Hügel Golgatha. Dies ist der Grund, warum wir Fehler machen dürfen.

Viele große Gottesmänner baten auf dem Sterbelager noch einmal um das Abendmahl. Dies taten sie nicht nur, weil es als Sakrament in ihrer Kirche galt. Sie taten dies auch, weil sie mitunter von Selbstzweifeln geplagt waren. Sie wussten nicht, ob es genug war, was sie geleistet hatten. Sie wussten auch nicht, ob sie zu hart mit ihren Gegnern ins

Gericht gegangen waren. Sie wollten sich der Vergebung gewiss sein und baten um das Zeichen der Vergebung.

Für uns ist das Abendmahl, richtigerweise, ein Akt des Gedenkens an das Werk des Herrn. Dabei sollten wir aber nicht vergessen, dass es auch ein Akt des Trostes für die Gläubigen ist. Deshalb dichtete Carl Brockhaus: „Dies Brot und dieser Kelch – sie rühmen Deine Gnade, / Verkünden Deinen Tod und Deine Wiederkehr, / Sie rufen stets uns zu auf unserm Pilgerpfade: / Getrost, die Sünden sind nicht mehr!"

Neben dem Verzicht ist die Vergebung der zweite Garant eines erfolgreichen Glaubenslebens. Wir sollten uns nicht zu lange bei unseren Fehlern aufhalten. Gott tut dies auch nicht. Wenn wir hinfallen, stehen wir wieder auf. Die Vorhaben der Zukunft sind zu wichtig, als dass wir uns zu lange mit dem Versagen der Vergangenheit aufhalten sollten. Wir leben aus der Vergebung. Dies bezeugen wir im Abendmahl. Und dies leben wir im Geist.

Vertrauen

Und es geschah, als Josua bei Jericho war, da erhob er seine
Augen auf und sah: und siehe, ein Mann stand vor ihm, und
sein Schwert gezückt in seiner Hand.

(Jos 5:13)

Es war ein Treffen der ungleichen Giganten. Der eine befehligte ein Heer von 600.000 Männern in Waffen, der andere das Heer der Himmel. Letzterer stellte sich Josua mit einem gezückten Schwert in den Weg, als dieser sich anschickte, Jericho zu erobern. Und er gebot ihm, die Schuhe auf heiligem Boden auszuziehen. Zu heilig und zu groß, war die Schlacht um Jericho, als dass sie mit menschlichen Mitteln hätte gekämpft werden können.

Wer den Himmel erobern möchte, der braucht einen Eindruck von dessen Macht. Denn der Himmel kämpft für sich selbst. Er benötigt keine menschliche Macht, um sich unter Menschen zu manifestieren. Tatsächlich war der Fall Jerichos keine militärische Meisterleistung, sondern eher eine Offenbarung kultischer Macht eines gläubigen Volkes. Es war letztendlich die Gegenwart Gottes, die die gut befestigte und verschlossene Stadt zu Fall brachte.

Wenn ein großes Werk für Gott zu tun ist, dann brauchen wir ein tiefes Vertrauen in denselben. „Mit unsrer Macht ist nichts getan, / es streit für uns der rechte Mann, / den Gott selbst hat erkoren", dichtete deshalb der Reformator Martin Luther in dem Lied „Ein feste Burg ist unser Gott". Er musste es wissen, denn er hatte der machthungrigen römischen katholischen Kirche mit der Reformation einen deftigen Bissen Fleisch aus den Lefzen entrissen.

Das Werk Gottes ist heilig. Deshalb haben menschliche Machenschaften keinen Platz bei seiner Ausführung. Wir müssen, wie Josua, die Schuhe ausziehen, wenn wir uns auf heiligen Boden begeben. Wer versucht, Gottes Wirken durch menschliches Werkeln zu imitieren, gleicht einem, der den Kölner Dom aus Legos nachbauen will. Eine gewisse Ähnlichkeit wird man wohl dabei erkennen, aber göttliche Architektur beileibe nicht.

Je länger, desto mehr versuchen Leiter die Gemeinden wie einen Betrieb zu führen. Da ist die Rede von Effizienz, Rentabilität und Ressourcen. Aber auch christliche Werke werden immer mehr zum Übungsplatz für Hobbymanager mit christlichem Bekenntnis. Ich war erschüttert, als ich hörte, dass ein renommiertes Missionswerk, nach erfolgtem

Generationswechsel, den Markt mit Meinungsforschung aussondierte, um mehr Kunden zu akquirieren.

„Das Vertrauen Israels lügt nicht", klärt der Glaubensmann Samuel den gottlosen König Saul in 1. Sam. 15:29 auf. Diesen Satz dürfen wir uns hinter die Ohren schreiben. Denn wir brauchen mittlerweile für alles einen Experten oder zumindest ein Sachbuch. Vorbei scheinen die Zeiten, wo Christen Gott zu allem fähig hielten. Der allmächtige Gott ist zu einem ohnmächtigen geworden. Zumindest in der Wahrnehmungswelt seiner Kinder.

Neben dem Verzicht und der Vergebung ist das Vertrauen der dritte Garant auf dem Weg zum geistlichen Erfolg. Im Großen wie im Kleinen. Denn Gott ist immer noch Gott. Keiner wird zuschanden, der auf ihn vertraut. Die Versuchung ist zwar groß, Gott ein wenig unter die Arme greifen zu wollen. Aber dies hat er beileibe nicht nötig. Nicht er braucht uns, sondern wir brauchen ihn, wenn wir Erfolg haben möchten.

Jericho – Große Probleme

Josua 6

Es war eine der wenigen friedlichen Revolutionen der Menschheitsgeschichte. Am 9. November des Jahres 1989 fiel diejenige Mauer, die Deutschland für vierzig Jahre in „Ost" und „West" getrennt hatte. Zuvor fanden Gebetsspaziergänge entlang des Todesstreifens und Gebetsnächte in Kirchen in Ost und West statt. „Wir waren auf alles vorbereitet, nur nicht auf Kerzen und Gebete", räumte das bankrotte SED – Regime damals ein.

Wer den Himmel auf Erden erobern will, sollte die Macht des Gebets nicht unterschätzen. Die großen Probleme unseres Lebens werden nicht so sehr durch menschliche Anstrengung als vielmehr durch göttliche Macht gelöst. Die Krusten eines lange eingeübten sündigen Lebensstils weichen schnell auf, wenn sie in den Geist des Gebets getaucht werden. Gott alleine hat die Macht, uns aus Situationen zu erretten, die in unseren Augen, aussichtslos sind.

Die Eroberung Jerichos war eine Machtdemonstration Gottes. Sieben Tage lang trugen Priester Gottes die Bundeslade um die „Palmenstadt" herum. Unter dem Schweigen der Menschen und dem Schall der Widderhörner wurde die Stadt auf ihren Untergang vorbereitet. Ihre Bewohner hatten alle Tore geschlossen. Am siebten Tag dann fielen die Mauern. Die Israeliten plünderten die Stadt und machten sie dem Erdboden gleich. Wir lesen davon in Josua 6.

Die großen Probleme des Lebens

Die unlösbaren Probleme

Das Umbeten der Dinge

Die Unmöglichkeit der Umkehr

Unlösbare Probleme

Und Jericho hatte seine Tore geschlossen und war verriegelt

vor den Kindern Israel; niemand ging aus, und niemand ging

ein.

(Jos 6:1)

Jericho war verriegelt und verrammelt. Die Bewohner der Palmenstadt hatten sich verbarrikadiert. Angst regierte die Stadt. Ausgangssperren wurden verhängt. Die Bewohner fürchteten die unaufhaltsame Nation der Hebräer. Zu Recht. Denn am Ende sollte die Stadt doch fallen. Nicht durch militärisches Geschick, sondern durch das Eingreifen des unsichtbaren Gottes. Aber zunächst einmal stellte Jericho ein ziemliches Problem für die Eroberer dar.

Die Stadt Jericho lag nicht nur 270 m unter NN. Sie war auch moralisch weit heruntergekommen. Die Hure Rahab war sicherlich nicht die einzige Prostituierte in dieser Hochburg der Sünde. Die ehrenwerten Männer dieser Stadt ließen sich den angenehmen Lebensstil sicherlich auch einiges Geld kosten. Es hatte jedenfalls seine Gründe, dass Gott an dieser Stadt ein Exempel statuieren wollte.

Jericho spricht von den großen Problemen unseres Lebens. Es sind für gewöhnlich sündige Gewohnheiten von hoher Bindungskraft. Wir haben sie über lange Zeit unseres Lebens aufgebaut. Wir können nicht mehr ohne sie leben. Sie halten uns gefangen. So, wie die Bewohner der Stadt für das Gericht gefangen gehalten wurden. Es sind Praktiken, an die wir uns gewöhnt haben. Ohne Gottes Hilfe kommen wir nicht mehr von ihnen los.

Es sind die großen Sünden unseres Lebens, die wir zuerst angehen sollen. „Tötet nun eure Glieder, die auf der Erde sind: Hurerei, Unreinigkeit, Leidenschaft, böse Lust und Habsucht, welche Götzendienst ist", fordert uns die Schrift in Kol. 3:5 auf. Diese Gewohnheiten beeinträchtigen unser Zeugnis sichtbar. Vor allem aber rauben sie dem Glück, das Gott uns schenken möchte, extrem viel Platz. Deshalb müssen sie bekämpft werden.

Es gibt tatsächlich „große" und „kleine" Sünden in unserem Leben. Erstere sind häufig lustvoller, körperlicher und offensichtlicher Natur. Zweitere sind eher an den Charakter gebunden und zeigen sich in unserer Art zu sprechen und zu reagieren. Welches „Unkraut" von beiden letztendlich das hartnäckigere ist, sei dahingestellt. Unbenommen aber bleibt, dass Sünde immer Sünde ist, egal ob sie „groß" oder „klein" genannt wird.

Hier kann man viel vom Herzinfarkt lernen. Je größer das verschlossene Gefäß ist, desto größer ist auch der Schaden, den der Verschluss anrichtet. Es ist ein Unterschied, ob ein kleiner Seitenast oder einer der drei Hauptstämme des arteriellen Systems, durch einen Thrombus verlegt wird. Ähnlich ist auch der Grad der Schädigung unserer Persönlichkeit davon abhängig, welcher Teilsektor unseres Lebens durch Sünde beschädigt wird.

Jeder hat da sein persönliches Jericho. Beim einen ist es die Unfähigkeit, dem Partner treu zu sein. Beim anderen ist es die Neigung, sich mit Substanzen Hochgefühle zu verschaffen. Wieder ein anderer wird von seinem Geld besessen. Egal wie das Problem gelagert ist, gehe es an. Je jünger du bist, desto höher ist die Wahrscheinlichkeit, es aus der Welt zu schaffen. Habe keinen Respekt vor großen Problemen, die verriegelt und verrammelt vor dir liegen!

Das Umbeten der Dinge

Und die Lade des Herrn umzog die Stadt, einmal rings um

sie her.

(Jos 6:11)

Die Lade des Bundes umzog die Stadt. Jeden Tag einmal. Am siebten Tag siebenmal. Sie wurde von Priestern getragen. Sie wurde von einer Vor- und Nachhut begleitet. Sieben Priester gingen ihr voran. Sie bliesen die „Schofaroth", die Widderhörner oder auch Hall-Posaunen. Aber kein Mensch erhob seine Stimme. Es musste ein gespenstisch-beeindruckendes Bild für die Bewohner Jerichos sein. Sie ahnten, dass sie es mit einer höheren Macht zu tun bekamen.

Große, scheinbar unlösbare Probleme müssen „umbetet" werden. Die Priester dürfen und sollen Gott im Gebet um einen übermächtigen Feind herumtragen. Die Riesen unseres Lebens müssen wissen, dass sie es mit Einem größeren zu tun bekommen. Die verkrusteten Wunden unseres sündhaften Lebens müssen durch das Öl des Geistes im Gebet gelöst werden. Zu stark ist die Bindung sexueller Vergehungen und Süchte, als dass wir es ohne Gott schaffen könnten.

Ein Klassiker ist das Rauchen. Nikotin hat eine bekanntlich hohe Bindungskraft. Mit jedem Zug, den wir tun, setzen wir im limbischen System des Gehirns Belohnungseffekte frei. Nach getaner Arbeit rauchen wir eine. Oder auch nach einem guten Mittagessen. Vielleicht zusammen mit einer Tasse Kaffee. Zunächst ist es Genuss. Aber irgendwann wird es Sucht. Denn wir können nicht mehr ohne diesen so erzeugten Belohnungseffekt leben.

Es war der Kampf meines Lebens. Ich kämpfte ihn für ein gutes halbes Jahr. Zuvor hatte ich mich zu Jesus bekehrt. Wie sollte ich aber von meiner neu gewonnenen Freiheit erzählen, wenn ich offensichtlich noch gebunden war? Ich betete viel. Aber vor allem gab ich sehr viel Geld aus. Denn ich rauchte die erste Zigarette aus der Packung und setzte den Rest unter Wasser, um nicht wieder in Versuchung zu kommen.

An einem Tag kam der Durchbruch. Ich spürte kein Verlangen mehr. Ich konnte die Zigarette in der Packung lassen. Der Bann war gebrochen. Meine innere Kraft war größer als die von außen kommende Versuchung. In diesen Tagen begriff ich, dass mir nunmehr alles möglich war. Wenn Gott mir bei einem so großen Problem hatte helfen können, dann wäre er auch bei der Lösung kleinerer Probleme absolut fähig dazu.

Wir müssen mit den Waffen des Geistes kämpfen: „Denn unser Kampf ist nicht wider Fleisch und Blut, sondern wider die Fürstentümer, wider die Gewalten, wider die Weltbeherrscher dieser Finsternis, wider die geistlichen Mächte der Bosheit in den himmlischen Örtern" lehrt Paulus uns in Eph 6:12 und ergänzt in 2. Kor. 10:4: „Denn die Waffen unseres Kampfes sind nicht fleischlich, sondern göttlich mächtig zur Zerstörung von Festungen."

Was immer es auch ist: Das unlösbare Problem ist lösbar. Nicht von dir, wohl aber von Gott. Fange an zu beten. Lasse den Herrn an dein Problem heran. Und lass das Problem wissen, dass seine Tage gezählt sind. Zu irgendeinem Zeitpunkt wirst du einen Zugang zu ihm finden. Dort wirst du in die Problematik eindringen. Wenn die Deiche des Widerstands erst einmal durch das Wasser des Gebets aufgelöst sind, brechen die Dämme irgendwann. Deshalb: Bete!

Die Unmöglichkeit der Umkehr

Verflucht vor dem Herrn sei der Mann, der sich aufmachen
und diese Stadt Jericho bauen wird!

(Jos 6:26)

Der Wiederaufbau Jerichos war ein „No-Go". Josua bekräftigt das mit einem Schwur und einem Fluch. Es würde ein Lebenswerk für denjenigen, der es versuchen würde. Das, was Gott zerstört hatte, sollte kein Mensch wieder aufzubauen versuchen. Der Leader Israels wollte das, die gottlose Stadt bliebe, wo sie war: in Staub und Asche. Die spätere Geschichte belegt jedoch, dass diese entschiedene Haltung nicht von allen seinen Landsleuten geteilt wurde.

Arno C. Gaebelein kommentiert die weitere Geschichte Jerichos wie folgt: "Hiel, der Betheliter, baute sie unter der Regierung Ahabs (822-790) wieder auf. Er erfuhr den Fluch Josuas (1.Kö 16:34). Im Jahr 3 v. Chr. wurde die Stadt Hiels durch die Herodianer zerstört und im Jahr darauf von Archelaus wieder errichtet. Das war jenes Jericho, das in den Tagen unseres Herrn bestand. Es wurde 68 n. Chr. von Vespasian zerstört".

Die Rückkehr zu großen Sünden ist undenkbar. Die Schrift belegt diese Wahrheit mit plastischen Worten: „Wie ein Hund, der zurückkehrt zu seinem Gespei: So ist ein Tor, der seine Narrheit wiederholt" (Spr 26:11). Petrus fügt dem hinzu, dass nur eine Sau die Angewohnheit hätte, sich in ihrem eigenen Kot zu wälzen (2. Pt 2:22). Wir begeben uns also auf das Niveau von Tieren, wenn wir, vom Instinkt getrieben, alten Lüsten aufs Neue folgen.

Gewisse Gewohnheiten verdienen ein klares „Nein!", wenn sie uns wieder einholen. Man würde keinem Fixer empfehlen, die Nadel wieder aufzunehmen, wenn er „clean" ist. Man würde keinem Strichjungen empfehlen, sich wieder anzubieten, wenn er sich bekehrt hat. Auch würde man keinem empfehlen, weiter an der Börse zu zocken, wenn er früher Nächte mit dieser Tätigkeit verbracht hätte.

Anders ist es mit Gewohnheiten, die der HERR uns für gewisse Zeit nimmt. Es kann sein, dass der erfolgreiche Musiker, für eine gewisse Zeit die Gitarre an den Nagel hängt, um nicht in alte Muster zurückzufallen. Vielleicht aber kann er später das Instrument wieder aufnehmen, um den Geschwistern mit seiner Begabung neu zu dienen. Es gibt also einen *vorübergehenden* und auch einen *endgültigen* Verzicht, wenn wir über diese Dinge sprechen.

Gerade in schlechten Zeiten neigen wir zur Rückkehr zu alten Gewohnheiten. Dies lernen wir, beispielsweise, von Petrus. „Ich gehe hin fischen", sagt der in Joh. 21:3 als er alle Hoffnung verloren hatte. Nachdem das Projekt „Jesus" gescheitert schien, wollte er zu seinem alten Beruf zurückkehren. Wir wissen, dass der Herr selbst ihn von dieser Unmöglichkeit abhielt. Dennoch bleibt der Moment der Entmutigung ein kritischer auf dem (un-)möglichen Weg zurück.

Der Herr verschließt das „verlorene Paradies" der Sünde mit den Cherubim. Die Flamme des kreisenden Schwertes macht uns den Weg zurück zu großen Sünden schwer. Versuche besser nicht, diese Grenzkontrolle zu passieren! Du würdest es möglicherweise mit deinem Leben bezahlen. Manche Dinge bleiben für dich und mich ein Leben lang „tabu". So, wie der Wiederaufbau Jerichos ein verfluchtes „No-Go" war, für alle Generationen Israels nach Josua.

Ai - Kleine Probleme

Jos 7 – 8

Wer in den Supermarkt geht, sollte sich einen Einkaufszettel machen. Warum? Der Einkauf wird schnell zu einem Lustkauf, wenn man keine klare Vorstellung davon hat, was man denn zu Hause wirklich braucht. Zu subtil sind die Machenschaften der Werbemanager, die die Supermärkte beraten, als dass wir ihnen ohne Weiteres widerstehen könnten. Deshalb sollten auch wir uns mit einem Zettel bewaffnen, um das zu kaufen, was wir wirklich brauchen und nicht etwa das, was andere Leute wollen.

Wer den Himmel erobern will, scheitert nicht selten an den kleinen Problemen. Sie scheinen uns zu nebensächlich, als dass wir ihnen größere Aufmerksamkeit widmen. Doch wenn uns gewisse Kleinigkeiten immer wieder aufs Kreuz legen, dann sollten wir ihnen das Handwerk legen. Wir sollten sie mit Entschluss aus unserem Leben eliminieren. Dies ist nicht so sehr eine Sache des Gebets, als vielmehr eine Sache der Strategie. Tun wir es nicht, so wird uns der Widersacher immer wieder diktieren, was wir machen sollen.

Das historisch gewachsene Örtchen Ai lag verschlafen auf dem Gebirge Ephraim. Josua maß ihm anfangs keine große Bedeutung zu. Er schickte 3.000 seiner Männer los, um es zu erobern. Beim zweiten Mal waren es dann 30.000 Mann unter seiner persönlichen Führung. Mit einer ausgeklügelten Strategie brachte er schließlich denjenigen Ort zu Fall, den er anfangs gründlich unterschätzt hatte. Er plünderte die Stadt und ließ ihren König aufhängen. Aber der kleine Ort in der Nähe von Bethel kostete ihn letztendlich mehr Mühe als die große Stadt Jericho.

Die kleinen Probleme unseres Lebens

Die Unterschätzung von Kleinigkeiten

Die Überflüssigkeit des Gebets

Die Überlegenheit der Strategie

Die Unterschätzung von Kleinigkeiten

Es ziehe nicht das ganze Volk hinauf; bei zweitausend Mann oder bei dreitausend Mann mögen hinaufziehen und Ai schlagen; bemühe nicht das ganze Volk dahin, denn ihrer sind wenige.

(Jos 7:3)

Ai war eine kleine Stadt, drei Kilometer südöstlich von Bethel. Ihr Name bedeutet so viel wie „Trümmerhaufen". Nach Jericho wird sie im Buch Josua als die zweite Herausforderung in der Landnahme genannt. Die Kundschafter unterschätzten ihre Widerstandsfähigkeit. Sie rieten Josua zu einem „Kleinen Programm". Doch mit dem kassierten die Israeliten eine krachende Niederlage. Sie verloren 36 ihrer tapferen Krieger bei dem Versuch, sie zu erobern.

Es sind die kleinen Probleme des Lebens, die wir gerne unterschätzen. Wir messen, beispielsweise, der Art, wie wir reden, keine große Bedeutung zu. Oder wir meinen, uns ab und zu einen kleinen Wutausbruch leisten zu können. Oder wir legen Menschen Dinge zur Last, die sie gar nicht getan haben. Wir plaudern Schlechtes bei einer Tasse Kaffee in der Pause. Kleine Momente mit großer Wirkung. Sie führen dazu, dass Menschen uns nicht glauben.

Nach dem Grobschliff folgt der Feinschliff. So lehrt es das Neue Testament. Zum Beispiel in Kol. 3:5-11. Es scheint so, als ob Gott in der Heiligung einem gewissen Programm folgt. Die deutlich sichtbaren, groben Sünden sollten wir recht schnell aus unserem Leben ausrotten. Dann aber geht es darum, die kleinen Charaktersünden unter Kontrolle zu bringen. Sie zu unterschätzen, wäre fatal.

Als junger Mensch habe ich viel Zeit beim Zahnarzt verbracht. Und so lernte ich einige seiner Arbeitsinstrumente am eigenen Leib kennen und fürchten. Der Spiegel und der Haken waren noch relativ harmlos. Aber die Schleifer und Bohrer jagten mir mächtig Angst ein. Der grobe Schleifer nicht so sehr. Aber der feine Bohrer war ein regelrechtes Folterinstrument. Der pfeifende Ton seiner Turbine lässt mich heute noch erschrecken, auch wenn es nur im Film ist.

Der Feinschliff Gottes kann ganz schön nervig sein. Er setzt an Punkten an, die wir quasi ein Leben lang mit uns tragen. Sie sind nicht, wie die groben Sünden irgendwann aufgebaut worden. Vielmehr sind sie Teil unseres immateriellen Erbguts. Denn der Apfel fällt nicht weit vom Stamm. Wenn dein Vater zum Jähzorn neigte, wirst auch du möglicherweise deine Probleme damit haben. Und dies unter die Füße zu bekommen ist schwerer, als man vielleicht denkt.

Ich denke da an einen Hausarzt, der die meisten unserer Pflegeempfänger betreut. Er ist bekannt für seine Bodenständigkeit, seine Erfahrung und seine unbedingte Einsatzbereitschaft. Er ist aber auch gefürchtet, wegen seiner Impulskontrollverluste. Wenn ihn etwas stört, wird er laut, bricht alle kommunikativen Brücken nach sich ab und verlässt den verwunderten Patienten. Sein sehr guter Ruf wird dauernd durch sein ungezügeltes Temperament geschädigt.

Die Schrift warnt uns vor der Unterschätzung der kleinen Probleme. Zum Beispiel im Hohelied. Dort heißt es: „Fanget uns die Füchse, die kleinen Füchse, welche die Weinberge verderben; denn unsere Weinberge sind in der Blüte!" (Hld 2:15). Wer dem nicht glauben will, der sollte die heimischen Nadelwälder studieren. Denn die wurden von dem kleinen Borkenkäfer beschädigt. Seitdem gleichen unsere Pflanzungen einem Trümmerhaufen von Mikado – Stäben.

Die Überflüssigkeit des Gebets

Da sprach der HERR zu Josua: Stehe auf! Warum liegst du

denn auf deinem Angesicht?

(Jos 7:10)

Josua lamentierte vor Gott. Er zerriss seine Kleider. Er war verzweifelt. Und alle Ältesten Israels mit ihm. Er lag von morgens bis abends auf den Knien. Er fürchtete das Scheitern seiner Mission. Er fürchtete auch die grausame Überlegenheit seiner Gegner. Er meinte, Gott hätte seine Meinung geändert. Aber in Wirklichkeit hatte einer seiner Brüder gesündigt. Es war nicht die Zeit für Gebet, sondern die Zeit für Ursachenforschung.

Es war Aiden W. Tozer, der einmal lakonisch bemerkte, dass Christen lieber Nächte lang auf den Knien lägen, als dass sie einfach Gehorsam leisteten. Auch wenn diese Behauptung eine gewisse Überspitzung darstellt, so ist sie doch im Kern ihrer Aussage wahr. Das Gebet ist zu einer gewissen Kompensation für den Gehorsam geworden. Denn es ist einfacher, über Missstände zu lamentieren, als sie zu ändern.

Ich kenne eine Gemeinde, die sich zum x-ten Male an einem bestimmten Tag des Monats trifft, um über Missionsstrategien vor Ort zu beten und auch zu beraten. An solchen Abenden treffen sich 50 Personen für 2 Stunden, um eine gewisse Redeleistung unter sich, aber auch vor Gott zu erbringen. Hätte man die „x mal" 100 Stunden des kollektiven Gesprächs genutzt, um mit Fernstehenden zu sprechen, so wäre dies wohl effektiver gewesen.

Wir möchten nicht die Notwendigkeit und Nützlichkeit des Gebets infrage stellen. Es wäre ein offener Affront gegen das, was die Schrift lehrt. Es wäre töricht und aussichtslos, solche Verunsicherung auszulösen. Aber alles hat seine Zeit. Auch das Gebet. Wir sollten nicht beten, wenn wir wissen, dass wir ungehorsam sind. Wir sollten handeln, wenn wir wissen, dass wir Dreck am Stecken haben.

Der HERR selbst lehrt dies in der Bergpredigt sehr deutlich: „ Wenn du nun deine Gabe darbringst zu dem Altar und dich daselbst erinnerst, dass dein Bruder etwas wider dich habe, so lass daselbst deine Gabe vor dem Altar und geh zuvor hin, versöhne dich mit deinem Bruder; und dann komm und bringe deine Gabe dar." (Mt 5:23-24) Es wäre Jesus wohl nicht recht, wenn wir um Versöhnung beten, anstatt hinzugehen, um uns zu versöhnen.

Wir müssen Ursachenforschung betreiben, wenn wir Niederlagen erleiden. Das ist eher harte Denk- als Gebetsarbeit. Aber auch das Leben im Geist folgt einer gewissen Logik. Diese setzt Gott nicht außer Kraft, nur weil du es bist. Von nichts kommt bekanntlich nichts. Auch die Niederlage nicht. Deswegen sollten wir im Geist den Weg zurückgehen, der zur Niederlage geführt hat und dabei beten, dass der HERR uns Dinge sehen lässt, die wir womöglich übersehen haben.

Hören wir also auf zu lamentieren. Wenn du weißt, was zu tun ist, handle. Wenn du es nicht weißt, bete. Es gibt Gründe dafür, dass du niemanden zum Herrn führst. Es gibt Gründe dafür, warum dein Partner nicht zärtlich mit dir werden möchte. Es gibt Gründe dafür, warum manche deiner Kollegen nichts mit dir zu tun haben möchten. Du wirst darüber staunen, wie zauberhaft leicht sich Probleme lösen, wenn du bereit bist, dich ein wenig zu ändern.

Die Überlegenheit der Strategie

Und Josua gebot ihnen und sprach: Sehet, ihr sollt den Hinterhalt bilden gegen die Stadt, im Rücken der Stadt; entfernet euch nicht allzu weit von der Stadt, sondern seid alle bereit.

(Jos 8:4)

Josua legte einen Hinterhalt zwischen Bethel und Ai. Der zweite Anlauf, den kleinen, alten Ort zu erobern, geschah mit sehr viel mehr Strategie als beim ersten Mal. Dreißigtausend Mann zogen gegen Ai auf. Sie folgten einer ausgefeilten militärischen List. Josua selbst hatte diese geschmiedet. Letztendlich sollte dieses strategische Vorgehen Erfolg bringen. Ai wurde dem Erdboden gleichgemacht und sein König wurde erhängt.

Wir sollten den kleinen Problemen unseres Lebens Aufmerksamkeit widmen. Ansonsten werden sie fortbestehen und uns immer wieder Probleme bereiten. Sie werden uns in entscheidenden Situationen Widerstand leisten. Wir werden in eben diesen Momenten an ihnen scheitern. Wenn wir nicht über sie nachdenken, werden wir keine Mittel gegen sie finden. Es ist unsere Aufgabe, sie durch die Umstellung unserer Handlungs- und Reaktionsmuster zu eliminieren.

Die große Stadt Konstantinopel fiel durch ein kleines Versehen. Irgendein Nachtwächter hatte versäumt, die „Kerkaporta" zu schließen. Die kleine Seitentüre wurde zum Einfallstor für die türkischen Belagerer. Sie schlichen in die Stadt und öffneten die großen Tore derselben. So fiel die große christliche Bastion im Jahre 1453 für immer in die Hände der Muslime. Heute heißt sie Istanbul und ist der Knotenpunkt zwischen der europäischen und asiatischen Welt.

Lieblingssünden haben ihre Lieblingszeiten und ihre Lieblingsplätze. Es sind gewachsene Muster, die uns immer wieder straucheln lassen. Zum Beispiel das Essen aus Frust, das Lügen aus Verlegenheit, oder der Diebstahl, wenn wir kein Geld haben. Was auch immer, wir müssen aufhören damit. Aber nicht Gebet, sondern Strategie heißt das Mittel, wie wir ihrer Herr werden. Und die erfordert, dass wir uns denkend vor Gefahren bewahren.

Vielleicht ist es besser, das Handy nicht mit ins Schlafzimmer oder auf die Toilette zu nehmen, wenn du dann doch wieder auf die einschlägigen Seiten der Pornografie gerätst. Vielleicht ist es besser, den Weißwein ganz wegzulassen, wenn du nach ein oder zwei Gläsern ausfallend gegen deinen Ehemann wirst. Gewisse Restaurants und

Parfums meidest du besser, wenn sie dich an Liebschaften aus der Vergangenheit erinnern.

Als Paulus merkte, dass viele Korinther sich nicht enthalten konnten, empfahl er ihnen, zu heiraten. Vorbeugen ist tatsächlich besser als heilen. Wenn du merkst, dass du den Erdnüssen und Süßigkeiten am Arbeitsplatz nicht widerstehen kannst, ist es womöglich besser, eine warme Mahlzeit zu Mittag zu essen. Genauso wie es nicht schlecht ist, vorsätzlich zu schweigen, wenn man sich während Sitzungen immer wieder von Anderen „triggern" lässt.

An die großen Probleme des Lebens geht man also besser betend heran, an die kleinen Probleme desselben besser eher denkend. Das Scheitern am immer gleichen Problem sollte uns nachdenklich machen. Wenn wir selbst nicht draufkommen, woran es liegt, sollten wir Gott fragen. Manchmal reicht es sogar, wenn wir einen Freund fragen. Auf jeden Fall sollten wir die kleinen Wiederholungstaten zur Chefsache machen und sie tunlichst vermeiden.

Gibeon - Falsches Mitleid

Jos. 9

Es war der „Sommer des Willkommens". Im Jahr 2015 ließ man relativ unkontrolliert Hunderttausende von Migranten in die Bundesrepublik. Dieses Vorgehen war politisch gewollt. Die seinerzeit amtierende Kanzlerin formulierte damals den denkwürdigen Ausspruch: „Wir schaffen das!" Infolgedessen wurden über 15.000 Hilfsinitiativen ins Leben gerufen. Heute diskutiert man offen darüber, ob es möglicherweise falsch verstandene Barmherzigkeit war, die vom „Sommer des Willkommens" an bis heute die deutsche Nation spaltet.

Wer den Himmel erobern will, stolpert manchmal über die eigene Barmherzigkeit. Dann nämlich, wenn man Dinge im eigenen Leben duldet, die Gott nicht dulden würde. Oder dann, wenn Menschen einen Platz in unserem Leben erhalten, der ihnen nicht zusteht. Beseelt von dem Gedanken zu helfen, vergessen Christen, dann oftmals zu beten. Das „Herzlich willkommen!" geht uns in solchen Zeiten schneller über die Lippen als das „Vater unser". Diese falsch verstandene Barmherzigkeit mit uns selbst und anderen, kann uns Kopf und Kragen kosten.

Die Gibeoniter waren schlau. Sie drückten auf die „Tränendrüse" der Obersten des Volkes Israel. Sie verstellten sich als von weit her angereiste Ausgehungerte, obwohl sie aus der Stadt von „nebenan" kamen. So entkamen sie dem sicheren Untergang. Denn die Israeliten glaubten ihrer Erzählung und schonten sie. Gott war bei dem ganzen „außen vor". Er wurde nicht gesucht und nicht gefragt. Und so kassierte Israel seine erste und bleibende Niederlage in der frühen Zeit der Landnahme. Wir lesen davon in Jos. 9.

Falsches Mitleid

Feine Listen

Fatale Autonomie

Feste Verbindlichkeiten

Feine Listen

Aus fernem Lande sind wir gekommen, und nun machet einen Bund mit uns.

(Jos 9:6)

Die Gibeoniter spannen eine feine List. Sie baten um Frieden. Dabei logen sie, dass sich die Balken bogen. Sie hätten eine lange Reise hinter sich, erklärten sie. Zum Beweis dafür hatten sie mitleiderregende Beweise bei sich. Diese täuschten Josua letztendlich. Er machte einen Bund mit ihnen. Dieser erlaubte es ihm nicht mehr, die Gibeoniter zu bekriegen. An diesem Tag kassierte Israel die einzig bleibende Niederlage während der Landnahme.

Falsche Barmherzigkeit ist bis heute ein Thema unter Gläubigen. Denn Heilige trauen oftmals ihren Augen mehr als den Geboten Gottes. Sie zücken schnell den Geldbeutel, wenn man nur lange genug auf ihre Tränendrüse drückt. Oder wer wird nicht weich, wenn er hungernde Kinder in Afrika sieht? Und wer wirft nicht den Euro in den Karton der Roma, die weinend vor dem Geschäftseingang kniet? Hierüber gäbe es viel zu sagen.

Das aber noch größere Mitleid haben wir oftmals mit uns selbst. Dann nämlich, wenn wir bewusst Sünden in unserem Leben dulden. Wir machen einen Bund mit ihnen. Wir glauben, ohne sie nicht leben zu können. Sie sind die Krücken, an denen wir dem HERRN humpelnd nachfolgen. Wir wissen, dass wir sie verbannen sollten. Aber wir brauchen sie und sie brauchen uns, um überleben zu können.

Da sind die vielen Frauen, denen die Verkündigung in ihrer Gemeinde nicht ausreicht. Sie bilden ihre eigenen Bibelkreise. Dort hören sie rhetorisch ausgefeilte Vorträge von charismatischen Rednern zu zeitgenössischen Themen. Die Leiter der Gemeinden dulden diese Praxis. Mit der Zeit aber müssen sie feststellen, dass selbige Schwestern nicht mehr zur Gebets- und Bibelstunde kommen. Sie haben etwas geduldet, was eigentlich korrigiert gehörte.

Da sind aber auch die vielen süßen Sünden, die uns das Leben leichter machen. Der herzerweichende Rosamunde Pilcher – Film, der Schwestern das Gefühl von Liebe gibt. Der heimliche Cognac nach getaner Arbeit, der dem Bruder über einen stressigen Tag hinweg hilft. Das dauernde Gerede hinter dem Rücken, um sich Luft zu machen. Das Zocken an der Börse, um eine Sicherheit für sich und die Familie aufzubauen.

Der Junkie war gescheitert. An sich, am Heroin und an der vierten Therapie. Er musste die therapeutische Wohngemeinschaft verlassen, weil er sich an die Regeln, die im Hause galten, nicht halten wollte. Danach erschien er in der Gemeinde, die die REHA-Arbeit trug und erbettelte von wohlmeinenden Geschwistern immer wieder Geld. Irgendwann flog der ganze Schwindel auf. Da aber waren hunderte von Euro schon unwiederbringlich verloren.

Falsches Mitleid ist eine tückische Falle. Egal ob wir es uns selbst oder anderen zeigen. Denn wir dulden durch es Dinge, die wir besser meiden sollten. Diese Duldung raubt uns viel Kraft. Der Raum, den wir den Gibeonitern unseres Lebens geben, ist Raum, der für unser persönliches Glück nicht mehr zur Verfügung steht. Es gibt einfach nicht genügend Platz für Freund und Feind, wenn es um das Glück des Lebens geht. Widerstehen wir der feinen List des falschen Mitleids!

Fatale Autonomie

Und die Männer nahmen von ihrer Zehrung; aber den Mund des Herrn befragten sie nicht.

(Jos 9:14)

Die Obersten Israels handelten autonom. Sie waren sich ihrer Sache sicher. So sicher, dass sie auf Gott verzichteten. Anstatt dessen ließen sie sich von ihren Sinnen leiten. Sie begutachteten lieber trockenes, verschimmeltes Brot, als dass sie beteten. Ihr kollektives Urteil über die Echtheit der Fälschungen der Gibeoniter war eindeutig. Sie trauten ihren Augen mehr als ihrem Gott. Dies sollte sich als ein fataler Fehler herausstellen.

Wir wissen nicht genau, warum sie derart eigenmächtig handelten. Vielleicht waren sie beeindruckt von der heuchlerischen Unterwürfigkeit der Gibeoniter. Vielleicht waren sie auch bewegt von deren erbärmlichem Auftreten. Vielleicht hatte sie auch ihre Mitleid heischende Rede dahin schmelzen lassen. Was immer es auch war, es hielt sie davon ab, das einzig Richtige zu tun: nämlich Gott nach seinem Urteil über diese Fremdlinge zu fragen.

Gebetslosigkeit ist eine schlimme Unart. Sie macht deutlich, dass wir Gott nicht brauchen. Denn wer nicht bittet, der hat augenscheinlich schon genug. Genug Weisheit, zum Beispiel, um eine Sache zu beurteilen. Wie in unserem Fall der Gibeoniter. Wer nichts mehr zu beten hat, genügt sich selbst. Er braucht Gott eigentlich gar nicht mehr. Er verfügt über genügend Erfahrung, um die Dinge selbst zu entscheiden.

Dies war das Problem der frommen Judenchristen. Als Jakobus sie in seinem Brief "sturmreif" schießt, da bescheinigt er ihnen: "Ihr gelüstet und habt nichts; ihr tötet und neidet und könnet nichts erlangen; ihr streitet und krieget; ihr habt nichts, weil ihr nicht bittet." (Jak 4:2) Gebetslosigkeit war das Problem der neidenden und streitenden Besserwisser. Sie waren bettelarm, obwohl sie sich für steinreich hielten.

Wie anders war da David! Der kam zweimal in die gleiche Situation. Die Philister bekriegten ihn. Beim ersten Mal schickte Gott ihn in die Schlacht, beim zweiten Mal dann nicht. Wir lesen davon in 1. Chron. 14:8-16. Der kampferprobte König Israels vertraute nicht auf seine militärische Erfahrung. Er vertraute viel mehr auf das Urteil seines Gottes. Zweimal befragt der "absolute Souverän" seinen Gott. Und darin unterschied er sich von Josua.

Wir können in diesem Zusammenhang viel von unseren Kindern lernen. Die fragen uns Löcher in den Bauch, wenn sie sich nicht sicher sind. Mein Sohn, beispielsweise, fragte meine Frau als kleiner Junge immer mal wieder: "Mama, schmeckt mir das ?", wenn er sich nicht sicher war, ob Brokkoli was für ihn wäre. Kinder sind sich ihrer Abhängigkeit bewusster, als wir Erwachsenen es uns oftmals sind. Vielleicht auch deshalb sollten wir werden wie die Kinder.

Es gibt jedenfalls so etwas wie eine fatale Autonomie. Sie lässt uns tragische Fehler machen. Zum Beispiel dann, wenn wir unbedingt ein Kind von einem Partner wollen, den Gott nicht für uns vorgesehen hat. Wir müssen deshalb aufpassen, dass unsere Sinne uns nicht betrügen. Wir müssen auch achtgeben, dass unsere Wünsche uns nicht fortziehen. Sind wir in diesem Moment gottlos, weil gebetslos, bezahlen wir womöglich einen hohen Preis dafür – ein Leben lang.

Feste Verbindlichkeiten

Und Josua machte sie an jenem Tage zu Holzhauern und
Wasserschöpfern für die Gemeinde und für den Altar des Herrn,
bis auf diesen Tag, an dem Orte, den er erwählen würde.

(Jos 9:27)

Josua machte die Gibeoniter zu Holzhauern und Wasserschöpfern. Zugegeben, das war kein leichtes Leben. Aber
immerhin: Es war Leben! Sie waren dem Tod entronnen. Israel durfte sie nicht antasten, weil Josua ihnen Schonung zu-
gesichert hatte. Fortan verrichteten die Kanaaniter schweiß-
treibende Sklavenarbeit. Und wenn sie nicht gestorben sind,
dann dienen sie noch heut', Gott und seinen Kindern.

Tatsächlich gibt es so etwas wie „moderne Gibeoniter".
Es sind Menschen, die irgendwann einmal in die Gemeinde
aufgenommen worden sind. Ob sie dabei zu ewigem Leben
durchgedrungen sind, wagen wir zu bezweifeln. Sie haben
etwas von dem Schrecken Gottes geahnt, sich ihm aber nie
wirklich ergeben. Sie wollten zu derselben Gruppe von
Menschen gehören wie ihr Ehepartner. Aber innerlich haben sie sich nicht groß verändert.

Es sind solche Menschen, die irgendwelche Pöstchen in der Gemeinde bekleiden. Sie verwalten die Finanzen, organisieren die Freizeiten, kümmern sich um die Außenanlagen oder die Audioaufnahmen der Predigten. Sie versehen ihre Aufgaben mit viel Fleiß. Sie arbeiten mitunter hart. Sie sind zuverlässig und vertrauenswürdig. Es ist ihnen wichtig, da zu sein, wo auch die anderen Glieder ihrer Familie sind. Aber sie haben keine Beziehung zum Herrn.

Man hört ihre Stimmen nicht in der Zeit der Anbetung. Man wird nicht erleben, dass sie ein Wort in die allgemeine Wortbetrachtung einbringen. Sie sind oftmals „ganz woanders", wenn du predigst. Von Zeit zu Zeit nicken sie dann auch ein. Das, was du erzählst, sagt ihnen nichts. Sie leben in einer anderen geistlichen Welt. Sie scheinen in der Gemeinde auf dem „falschen Planeten" zu sein, die „Holzhauer und Wasserträger" der Moderne.

Es gab sie damals und es gibt sie heute. Der Apostel Paulus kannte sie. Er kannte ihre Störrigkeit und ihre Taubheit in Bezug auf geistliche Dinge. Sie waren naturbelassen und hatten keine Antenne für geistliche Dinge. Er urteilt über sie im 1. Brief an die Korinther wie folgt: „Der natürliche Mensch aber nimmt nicht an, was des Geistes Gottes ist, denn es ist ihm eine Torheit, und er kann es nicht erkennen, weil es geistlich beurteilt wird" (1.Kor. 2:14).

Hier nun wird deutlich, warum Holzfäller und Wasserschöpfer ein Problem darstellen. Ihr Urteil wird immer ein anderes sein als das der anderen. Meistens äußern sie dies nicht laut. Was sie allerdings hinter vorgehaltener Hand reden, ist dir unbekannt. Sie würden niemals die Hand heben, um Einspruch einzulegen. Aber sie machen sehr gerne die Faust in der Tasche, weil sie die Entschlüsse der Gemeinde mitunter geradezu dumm finden.

Wir sollten aus diesen Gründen sehr genau prüfen, wen wir in die Gemeinde aufnehmen. Hat man eine Person erst einmal „heilig" gesprochen, so wird es schwer, ihr diesen Status wieder abzuerkennen. Dieser Hinweis ergeht besonders an die Verantwortlichen einer Gemeinde. Denn die sind in der Regel über jeden froh, der zu ihnen kommt. Aber gerade diese Freude macht sie blind für die Gefährlichkeit ihres Denkens.

Nachwort

Wir sind am Ende unsere Ausführungen angekommen. Die ersten 10 Kapitel des Buches Josua waren Gegenstand unserer Überlegungen. Sie behandeln die ersten Feldzüge Israels in das Kernland Palästinas. Die folgenden 14 Kapitel hingegen schildern die Eroberungen des Nordens und des Südens sowie die Verteilung des Landes unter den 12 Stämmen des Landes. Auch wird uns das Ende Josuas ausführlich in ihnen geschildert.

Alles das wäre weiterer Betrachtung wert. Was wir jedoch gesehen haben, betrifft die Grundlagen des Glücks: Die Notwendigkeit eines starken Leaders, eines gesunden Opportunismus, der Eingang ins ewige Leben, die Wichtigkeit von Verzicht, Vergebung und Vertrauen, und vieles mehr. Wir haben begriffen, dass wir an den großen wie auch kleinen Problemen des Lebens scheitern können, wenn wir den Himmel erobern wollen.

Wir tragen die Verantwortung. Wir haben die „Hand am Drücker". Der Himmel steht denjenigen offen, die ihn erobern wollen. Die aber müssen den Kampf aufnehmen. Es ist an uns, die Gelegenheit beim Schopf zu packen. Das Glück, das wir erleben wollen, muss erkämpft werden.

Sowie das Land, das Gott seinem Volk zugedacht hatte, welches von den Israeliten im Kampf erobert werden wollte.

Unser Kampf nun ist nicht militärischer Natur. Vielmehr haben wir es mit geistlichen Mächten zu tun. Diese sind groß und stark wie Riesen, manchmal auch klein und giftig wie Skorpione. Der Schauplatz des Krieges ist unser Herz. Hier finden die Schlachten um die Entscheidungen unseres Lebens statt. Wir allein kennen die Einsamkeit, die Bitterkeit, die Ratlosigkeit vor der wir häufig stehen. Dieser Kampf ist gleichermaßen heroisch, wie dramatisch.

Doch sind wir nicht alleine. Einer geht mit, einer geht voran, einer hilft uns aus. Über ihn dichtete der Reformator Deutschlands einmal: „ Mit unsrer Macht ist nichts getan, / Wir sind gar bald verloren; / Es streit' für uns der rechte Mann, / Den Gott hat selbst erkoren. / Fragst du, wer der ist? / Er heißt Jesu Christ, / Der Herr Zebaoth, / Und ist kein andrer Gott, / Das Feld muss er behalten." („Ein feste Burg ist unser Gott", Martin Luther)

Schenke ihm dein hart umkämpftes Herz, lieber Leser. Du wirst es nicht bereuen. Menschen mögen enttäuschen, Jesus Christus nie. Wer den Himmel erobern will, kommt an dem Fürsten des Himmels nicht vorbei. Und wer dem nachfolgt, der in den Himmel vorangegangen ist, wird sicher dort ankommen. Deswegen schenke ihm dein Herz! Der Himmel auf Erden wird Realität für dich werden, wenn du es tust.

Bis dahin aber bleibt der „Himmel auf Erden" ein verlorenes Paradies. Die Wege zum Glück bleiben verschlossen für die, die es „auf eigene Faust versuchen". Denn die Städte des Glücks sind befestigt und verschlossen. Ihre Bewohner handeln mit List gegen die, die Kleinigkeiten unterschätzen. Ihre Mauern sind alt und ihre Wurzeln treiben tief. Nur Gott selbst wird demjenigen den Zugang zum Glück eröffnen, der auf ihn vertraut.

Wenn Menschen uns fordern, dann formt Gott uns. So wie David. Mehr als andere biblische Figuren wird der Vorläufer des Messias als Sonnenkönig im Gefüge von menschlichen Trabanten gesehen. Diese erprobten seinen Mut, seine Treue, seine Liebe, seine Güte, seine Keuschheit, seine Strenge, seine Vergebungsbereitschaft und vieles mehr. Von ihm dürfen wir lernen, unsere Mitmenschen als Chance zur Veränderung zu sehen.

Paperback
90 Seiten
ISBN-13: 9783759777386
Verlag: BoD - Books on Demand
Erscheinungsdatum: 08.08.2024
Preis: 7,70 Euro

Der längere Weg in die Freiheit ist der bessere. Gott jedenfalls führte sein Volk zunächst in die Wüste. Dort lernte Israel sich selbst, aber auch seinen Gott besser kennen. Die
Lektion waren gleichermaßen gründlich wie schmerzhaft.
Aber was lange währt, wird endlich gut. Damals wie heute.

Paperback
92 Seiten
ISBN-13: 9783759775955
Verlag: BoD - Books on Demand
Erscheinungsdatum: 09.09.2024
Preis: 7,70 Euro